D'UNE OPINION

DE M. DE CHATEAUBRIANT,

DANS LE CONSERVATEUR.

Par M. LEMERCIER,

Membre de l'Institut (Académie française.)

A PARIS,

CHEZ
{ FIRMIN DIDOT, rue Jacob, n° 24.
{ NEPVEU, passage des Panoramas, n° 26.
{ DELAUNAY, au Palais-Royal, Galerie de Bois.
{ BARBA, au Palais-Royal, n° 7.

Déc. 1818.

D'UNE OPINION

DE M. DE CHATEAUBRIANT.

Nous risquons tous aujourd'hui de ne plus nous entendre, depuis que nous avons la manie de créer des expressions pour toutes les matières que nous devrions définir par des termes clairs et reçus avant que de disserter sur elles. Le langage théologico-méthaphysique obscurcit tout.

Qu'est-ce que *la morale des intérêts et celle des devoirs*, considérées par M. de Châteaubriant comme opposées l'une à l'autre par l'effet d'un système ministériel?

Dans le sens restreint que mon honorable collégue donne au mot *intérêt*, il exprime le profit grossier que l'homme tend à se procurer par les passions cupides, et sur lequel il annonce qu'on veut fonder la moralité des actions : ce n'est que sur *le devoir*, dit-il, que cette moralité peut s'établir.

Il m'a fallu lire son article entier pour m'en bien expliquer le titre. Adoptons-le maintenant ; et sans chicaner sur la propriété, sur les significations des termes qu'il emploie, partons de là pour lui prouver qu'il renverse, brouille et confond toutes les choses.

Aucun ministère n'a inventé une morale nouvelle en déclarant que des seuls intérêts bien entendus résultent les effets les plus moraux ; car cet axiome date des premiers temps du monde, ou, en style d'écriture sainte, de l'arche de Noé.

Les intérêts sont la source originelle de tous les devoirs qui en ressortent : la morale dite des intérêts a donc primitivement produit la morale dite des devoirs ; ainsi M. de Châteaubriant a pris les causes pour les effets, le radical pour le dérivé, les conséquences pour les principes, et s'est efforcé de désunir par une fausse analyse ce qui est inséparable. Nous essaierons de lui démontrer jusqu'où l'égare une erreur qui le mène si loin.

Que sont les intérêts ? les premiers liens des familles, des patries, des gouvernements, des religions même. Quelles sont les espèces d'intérêts? Il y en a d'élevés, il y en a de bas : M. de Châteaubriant ne traite que de ces derniers, qui ont pour objet le pouvoir, les places, le crédit et le gain viager; il oublie ou écarte les autres, qui enfantent les hautes vertus. Par une suite de contradictions étranges, il nous parle des devoirs, et il ne professe que des intérêts; il suppose et préconise à l'homme des devoirs généraux qui ne vont qu'à des intérêts particuliers à quelques classes, à une minorité qui lui paraît tout.

Si nous traduisions nos idées en poésie à son exemple, nous dirions que les intérêts nous semblent la racine et le tronc de l'arbre social; les devoirs nous offriraient l'image de ses ramifications multipliées et diversement fructueuses.

Remontons du plus simple élément au plus composé; considérons d'abord la famille, dans les rapports de la paternité et de l'enfance. Outre les affections immédiates qui attachent les pères à leur enfant, la nécessité de le nourrir, de l'élever, les contraint chacun à en prendre soin; s'ils sont nobles et riches, pour perpétuer en lui l'honneur de leur race; s'ils sont plébéiens et pauvres, afin qu'il aide leur industrie et qu'il soutienne leur vieillesse. Cette obligation du père et de la mère dérive donc d'un intérêt qui concourt avec les tendres sentiments de la nature. Il en est ainsi des relations entre les époux, entre les parents.

Au sortir du berceau, l'enfant ne connaît ni ne peut connaître le bien ni le mal. On ne lui apprend à les discerner que par les récompenses et par les punitions ; il désire les caresses et les cadeaux ; il craint les privations et les réprimandes : sa route est tracée par le plaisir et la peine. Ne sont-ce pas là les intérêts qui lui révèlent ses devoirs ? Ce principe est donc la base de l'éducation universelle et de la formation des bonnes mœurs.

Doutez-vous qu'il ne soit encore le fondement de la société ? La multitude des faibles se ligue contre les forts ou s'allie avec eux pour réprimer la violence de quelques-uns qui dépouilleraient et détruiraient tous les autres. Les besoins mutuels forment le nœud ; les moyens physiques et intellectuels se mettent en commun ; et la réciprocité des secours établit l'équilibre et le repos entre les puissances individuelles. De là naît une convention générale qui se rédige en

lois, prescrites par les intérêts. M. de Châteaubriant a raison d'assurer que les lois nous disent :
Respectez le bien d'autrui; mais sur quoi nous
affirme-t-il que les intérêts nous disent : Prenez
le bien d'autrui? C'est pour nous faire conclure
que la morale qu'ils inspirent est anti-sociale;
c'est pour en tirer des arguments contre nos
vices, qu'il désigne comme levier politique de la
civilisation actuelle. Il ne songe pas qu'en prê-
tant cette horrible maxime aux intérêts, il fait
parler l'état de nature brute, l'état sauvage où
tout devient la proie d'un instinct aveugle et fa-
rouche.

Dans une nation organisée, les intérêts sont
les régulateurs des droits, sont les législateurs
de la communauté, qui assurent à chacun la pro-
tection de tous, qui défendent l'existence, la
liberté, le patrimoine des citoyens, et l'indépendance de la patrie. Où trouve-t-il en eux cette
source de mépris dans laquelle il accuse le siècle
de puiser ses principes de gouvernement?

Où voit-il tant de motifs de se prévaloir des
malheurs de la classe nombreuse et souffrante
au point de se croire en droit de la représenter
calomnieusement comme en état d'hostilité per-

pétuelle avec les lois et l'autorité? Se plaît-on, pour faire des tableaux, à se peindre la multitude sous les traits de ces hordes barbares ne vivant que de rapine et de meurtre? Les mœurs, la probité du peuple ne le tiennent-ils pas dans le respect des propriétés non moins que les réglements des tribunaux? Parmi nous, le désordre et le vol ne redoutent-ils plus les châtiments? L'assassin ignore-t-il qu'en commettant des homicides il se tue lui-même par le glaive de la justice, aux mains de laquelle il doit infailliblement tomber?

Qui remplit ses devoirs, a dit M. de Châteaubriant, *s'attire l'estime; qui cède à ses intérêts est peu estimé*, phrase qui du moins n'a pas le malheur d'être trop neuve! phrase pourtant inintelligible en cet endroit. S'agit-il des intérêts resserrés dans une si étroite acception, ou des intérêts d'ordre, de grandeur et de prospérité publiques?

Qu'on sache rendre à ce terme son extension vaste, on reconnaîtra que la piété, la vertu, l'amour, la fierté, le mérite, l'orgueil même, ont leurs nobles intérêts, desquels se compose une morale sublime, salutaire et conservatrice. D'autre part on apercevra que l'ambition, la vanité, la cupidité, ont aussi leurs intérêts, mais abjects, desquels sans cesse découle une immoralité qui dégrade les rangs, les titres, les décorations, les talents même et l'opulence; immoralité pernicieuse qui, créant les priviléges, inventa pour les défendre des devoirs ennemis de tous les systêmes nationaux. La seule activité de ces vils intérêts hâte la dissolution du corps social, et porte ses membres à s'entre-déchirer. Ce sont ces intérêts des vices qui, toujours hostiles, éternisent une sourde guerre entre les gens que dévore la soif de l'or et des distinctions, et le grand nombre des hommes qu'ils veulent priver des fruits de leurs sueurs, de la culture même de l'esprit, pour les enchaîner à la misère. Ce sont ces intérêts qui nous firent des dogmes, qui nous prêchèrent tant de faux devoirs durant les quatorze siècles si vantés de la féodale monarchie. L'histoire vous rend compte de l'asservissement à la glèbe, des révoltes du vasselage, des torrents de sang versés par les seigneurs, des ébranlements successifs du trône pendant les régences, des querelles meurtrières d'un sacerdoce ultra-montain ne disputant que le temporel, annales de trahisons, d'assassinats et d'hypocrisie, effets de mille devoirs chimériques auxquels on prétendrait nous soumettre encore pour notre bonheur. Ne rappelons du passé qu'un exemple de ce que fit la morale de ces devoirs si politiques, si religieux! N'a-t-elle pas fulminé des bulles régicides contre Henri IV, qu'elle traita d'hérétique? N'a-t-elle pas mis le couteau à la main de Ravaillac contre un bon roi, à qui elle ferma les portes de notre ville affamée, que la juste morale des intérêts lui fit ouvrir? Que voulez-vous faire de celle des devoirs, comme vous l'entendez? elle inspire le prosélytisme sanguinaire. Celle des intérêts, comme nous l'entendons, inspire la tolérance vraiment charitable. La première interpréta par la voix des inquisiteurs ce précepte si terrible aux incrédules, *Forcez-les d'entrer;* et ils furent menés à la messe à coups de fusil : la seconde dicta cette leçon si simple et si pure, *Ne fais pas à ton prochain ce que tu ne veux pas qu'on te fasse;* et l'on n'osa plus violer les droits humains. La première embrasa l'orient et l'occident où se heurtèrent les deux grandes religions, où se mesurèrent les sectateurs de Mahomet et ceux de Jésus, qui se partagent trois continents de la terre. Elle attisa par-tout le feu des bûchers; elle mit l'arquebuse au bras d'un roi exécuteur de ses sujets : la seconde termina ces effroyables divisions. Faut-il une preuve moins reculée? l'illusion des devoirs attacha la France séduite, éblouie, trompée, au char du tyran qui jeta nos armées sur tous les royaumes, qui promena son usurpation dans l'Europe entière : la réalité des intérêts souleva contre lui toutes les nations opprimées par les actes de son despotisme systématique. Les devoirs avaient développé les chaînes de la discipline militaire, qui entraînèrent tous nos intérêts sacrés, de conquêtes en conquêtes, au fond d'un abyme. La réaction européenne rompit deux fois les barrières de Paris : nous ressaisissons nos principes égarés, et notre indépendance reprend aujourd'hui ses droits. En quoi voyez-vous, M. de Châteaubriant, que cette morale des intérêts bien entendus soit si vile et si méprisable ? Pourquoi lui préférez-vous celle des devoirs? Est-ce parce que celle-ci nous prescrirait l'aveugle zèle de l'Église et l'esclavage ? Quoi donc ? parce que Bonaparte l'adopta pour multiplier des conscriptions que la morale des intérêts de tous les pères lui eût sagement refusées, vous admirez follement les erreurs qui l'ont perdu, qui nous ruinèrent, que, la veille, condamnait votre propre éloquence! vous n'osez plus attaquer son prestige de gloire, qui nous a coûté notre prééminence, parce qu'il n'achevait pas de détruire ceux qui, par leur éloignement de lui, vous retraçaient *la vieille France*, tandis qu'il ne sacrifiait à son orgueil que *la jeune France!*

Vous vous étonnez que cet homme qui, dites-vous, comptait les hommes pour rien, parût faire cas de quelques royalistes sans influence : mais n'avait-il pas besoin d'offrir des modèles à la cour novice aux étiquettes qu'il voulait façonner, et d'instruire ses nouveaux valets dignitaires dans la doctrine des devoirs factices qui leur firent d'un maître une idole? Voilà ce que vous approuvez, ce qui vous paraît grand en lui!

Par ce même tour d'idées qui vous sont propres, le règne de la *terreur* ne vous semble pas le plus dissolu, le plus dangereux à la morale. *Des orgies au milieu du sang; voilà tout :* écrivez-vous froidement. *On ne parlait ni de positif, ni de systéme d'intérêts. Ce galimatias des petits esprits et des mauvaises consciences était inconnu.*

On disait à un homme : Tu es chrétien, noble, riche, meurs. Ah! monsieur le vicomte, n'arrêtez pas là votre nomenclature. On en disait autant sans distinction au bourgeois, à l'ouvrier, au porte-faix; mais vous ne comptez que les hosties de choix prises dans les hauts rangs; votre supériorité n'aperçoit pas les victimes des degrés inférieurs; vous oubliez que la hache a passé sur des milliers d'entre le peuple. C'était si peu de chose que vous ne parlez pas de ces gens de rien. Mais si l'on prenait le ton des apôtres envers votre catholicisme, on s'écrierait : homme d'égoïsme et de vanité! tu ne vois que les malheurs des grands et des superbes, plains la foule des humbles et des pauvres qui pleuraient avant l'heure de la mort. Il vous suffit de remarquer qu'un aveuglement frénétique arma les bourreaux qui arrachaient la vie aux innocents pour épargner vos couleurs à cette époque atroce. Heureux encore que vous n'imputiez pas injustement à la morale des intérêts l'infamie d'avoir voulu cumuler le profit exécrable des confiscations! En résumé, sous les dix du *comité de salut public*, vous n'excusez que le fanatisme : sous l'*empire*, vous n'excusez que le despotisme. N'espérez donc point que le peuple français vous écoute, puisque le plus grand de ses intérêts, c'est de repousser courageusement, c'est d'anéantir, s'il le peut, les fanatiques et les despotes.

Parti d'un paradoxe, vous marchez de conséquence en conséquence au rebours du bon sens; vous blâmez le galimatias métaphysique, et vous y entrez. Quelle confusion de pensées! écrire que le devoir est fixe, et prête sa permanence à l'autorité qui gouverne; que l'intérêt est variable et divers! c'est l'inverse absolument : car l'intérêt qui fonde la piété naturelle, la charité, la propriété de ses biens et de soi-même, n'a jamais changé dans l'univers. Les devoirs subissent d'âge en âge des variations : car les religions, les législations changent; les dynasties se succèdent; les nations meurent. D'où vient qu'un orthodoxe tel que vous les compare à l'immortalité de l'ame, puisque toutes sont instables et transitoires?

L'intérêt ressemble au principe éternel du mouvement; les devoirs, qui ont leur temps et leur lieu, n'en sont que les combinaisons innombrables.

Les hommes du siècle, dont vous dépréciez le

jargon subtil et l'esprit borné, ne vous répondront pas que le devoir qui maintient la société n'est qu'une fiction, mais qu'il est une conséquence de l'intérêt qui est une réalité fondamentale. Ils vous prouveront que la nécessité seule établit l'enchaînement des puissances divines et humaines, la corrélation harmonieuse de sentiments et de services qui va de Dieu jusqu'à l'homme, du roi jusqu'au dernier sujet, du père aux enfants, des lois aux citoyens, et du plus opulent qui dispense les salaires jusqu'au plus obscur artisan qui travaille. Otez les intérêts, tous les nœuds se dissolvent, tous les ressorts se brisent.

Réserverez-vous à-présent une telle morale bien éclaircie aux dupes et aux imbécilles? Ce qu'elle a de positif, en vous apprenant que l'intérêt n'est pas plus une fiction que le devoir, mais un fait, vous semblera-t-il désormais un manque d'idées?

Interrogez les dogmes théocratiques. Toutes les croyances de l'antiquité, la vôtre plus récente et que vous nommez éternelle, qu'ont-elles annoncé chacune à la foi des hommes? un paradis, un enfer. Sois bon, tu jouiras de béatitudes sans fin; vois les joies des élus. Sois méchant, tu brûleras par-delà les durées des siècles; vois les grincements de dents des damnés. Ce brasier-là met en fumée vos feuilles dogmatiques : il sécherait la langue de quiconque oserait nier que votre sainte Cité spirituelle n'ait été bien assise sur les intérêts du salut, c'est-à-dire, ceux de l'espérance et de la peur, source de vos dévotions. Laissez dessiller vos yeux, ouvrez-les, et vous verrez d'un autre côté la conservation du bonheur et de la vie que nous devons à une providence tutélaire, produire un zèle d'amour et de reconnaissance, et les sécurités de l'avenir. Voilà ce que sentirent ces théophilanthropes à qui vous pardonnez, en raillant le ridicule présumé de leur abnégation volontaire qui, selon vous, épargnait à la mort la peine de les dépouiller. Que signifie cette figure ? L'emprunterai-je parmi celles qui vous sont familières, pour vous en opposer une plus vraie ? Eh! la mort ne dépouille personne; elle s'empare seulement de l'homme, qui lui appartient : grand ou petit, riche ou pauvre, décoré ou non, la mort le trouve tel qu'il est né, et l'emporte nu sur la terre : elle laisse diadême, trésors, rubans, ou haillons, aux survivants qui pâlissent.

Je poursuivrai le cours de votre langage figuré. Ces ruines de Sparte, pourquoi ne leur avez-vous pas demandé si Léonidas connut la morale des intérêts ? Elles vous eussent crié que cette morale exalta la sublimité de son héroïsme. Vous n'eussiez pas même rencontré sous vos pas un débris de sa chère Lacédémone, si le dévouement de sa fierté patriotique n'avait voulu mettre sa famille à l'abri des dévastations des Perses, retarder la chûte de sa ville consacrée à la liberté, et léguer en mourant le plus bel exemple au monde. Certes, après ce mémorable sacrifice, la Grèce libre, commerçante, guerrière, et éclairée, n'eût pas échangé sa morale d'intérêt public avec l'honneur qui soutint les informes monarchies modernes. Scrutez l'essence d'un tel honneur : qu'est-ce autre chose que l'appui de la fausse gloire, qu'un apparat de chevalerie, qu'un décorum de jactance ? Si les devoirs qu'il impose n'avaient exigé quelquefois des efforts de bravoure, de quel prix les grands, les favoris, eussent-ils payé les prérogatives exorbitantes de leurs suzerainetés et les grades de leur noble servage ? Leur honneur avait ses charges qui faisaient tolérer ses bénéfices onéreux aux petits qu'ils accablaient par le droit de l'épée. Aujourd'hui le courage a son lustre dans les rangs les plus subalternes, grace au droit de l'honneur national qui succède à l'inégal partage de l'honneur privé. Or, tant d'intérêts pressants et sacrés survivront aux personnes; et, ne mourant point avec elles, propageant les devoirs de la vertu, ne feront pas, ainsi que vous le croyez, une société périssable comme notre corps. Ils ne pousseront pas nos concitoyens à envier la possession de la richesse bien acquise; car dans les mains de la probité qui la distribue, elle est la richesse publique : ils la disputeront aux passions coupables; car dans leurs mains elle est le butin du brigandage, l'instrument de l'iniquité et de la corruption vénale. Ils construiront l'édifice du gouvernement de la loi, prêt à remplacer les monuments du despotisme gothique. Vous regretterez la vétusté de leurs créneaux; mais ne vaut-il pas mieux pour votre sûreté vivre sous des bâtiments solides et cimentés de nouveau, que sous les arcades et les tours de vos mazures vénérables dont les pierres vous tombent de jour en jour sur la tête? Que votre devoir n'excite pas des énergumènes à tenter de démolir ce que le pouvoir re-

présentatif édifie, à moins que vous ne leur te-
niez des chevaux attelés pour fuir les éclats des
premiers décombres. Ah! conseillez aux fiers cham-
pions de la cause aristocratique de devenir plus
raisonnablement les sincères chevaliers de la
cause royale, pour ne plus risquer, en défendant
leurs préjugés à outrance, de faire dans les cours
lointaines le métier de pélerins.

Après cet essai de réfutation, admettons un
moment la nature de vos devoirs; pourquoi les
trahissez-vous par vos récriminations continuelles
sur des maux irrémédiables? Quoi? vous êtes royalistes, vos souvenirs fouillent dans nos antiques
archives, et ne vous retracent pas les indulgents
traités que Henri contractait avec les ligueurs
soumis! De nos jours, le monarque, au gré de sa
clémence ou de sa prudence, voudra placer en
tête de ses administrations quelques hommes à
talents de qui vous restez les ennemis, et refu-
sera l'investigation de tous les emplois à vos amis,
pour cela vous condamnez tous ses choix! Vous
en induisez qu'avant la restauration, le gouvernement, n'étant vicié que par des causes fortuites de
violence, l'ordre présent devient plus intolérable,
parce qu'il sanctionne le mal et commence la dé-

pravation en exécutant les loix de la Charte!
Louis XVIII vous commande l'union, il vous pres-
crit l'oubli; vous êtes royalistes par excellence;
et vous ne donnez pas l'exemple d'obéir, de res-
pecter, et de vous taire! Vous déclamez contre
le système représentatif, quand vous poussez au
plus blâmable excès l'exercice de la censure déli-
bérative contre tous les actes de l'autorité suprême!
Chérissez assez votre souverain légitime pour ne
pas vous irriter qu'il se montre constitutionnel. O
délire de vos propres intérêts blessés que vous nommez vos devoirs! Le roi jure à la France d'ob-
server un pacte où les transactions faites entre
les temps passés et le temps actuel sont solen-
nellement signées; et vous, vous royalistes dé-
voués, au mépris de l'acte social, au mépris du
testament de votre dernier maître, vous osez dé-
clarer l'impossibilité d'une alliance entre la révolution et la royauté! Vous en flétrissez le principe
en ajoutant que *la démocratie fut témoin et prêta
le serment de cette alliance sur la tête sanglante
de Louis XVI!* Comme si ce crime eût été com-
mis par le peuple français dont les factieux ne
rejetèrent l'appel qu'afin de consommer, malgré
lui, leur sacrilège envers la liberté qu'ils étouf-

fèrent en l'invoquant. Je ne m'étonne pas que, depuis, votre cœur l'ait méconnue. C'est ainsi que les fureurs d'un avare Clergé nous firent méconnaître depuis Philippe II, depuis Médicis, la sainteté du christianisme. Prenez-y garde : à force d'attaquer la révolution si étrangère dans ses principes aux atrocités qui l'ont souillée, votre haine invétérée se démasque, vous sonnerez le tocsin des vengeances, vous deviendrez vous-mêmes des RÉVOLUTIONNAIRES. A force de vous épurer entre courtisans, au péril des royalistes vraiment modérés, vraiment sages, que nous aimons et que vous perdez, vous serez, en arrivant au gouffre de vos épurations extrêmes, les MARAT, les CHAUMETTE, les BILLAUT-DE-VARENNES, de votre cause défigurée. A force de nous rouvrir les registres de nos pères, vous y découvrirez que les ducs de Bourgogne, les Armagnacs, buvant avec le bourreau, complottèrent un massacre de prisonniers comparable à celui du 2 septembre, que précéda le règne de l'insensé Charles VII; silence donc! vos phrases tuent vos amis. Si vous ne compulsez que des horreurs, vous vous ferez croire inspirés d'une émulation de cruauté. Taisez-vous, effacez les dates, et jetez un voile sur les démences des discordes civiles.

En cessant de séparer les devoirs des intérêts, M. de Châteaubriant n'aura plus à déplorer en langue biblique *les vices des derniers temps* : mot vide, qu'il croit profond et qui l'est moins que ce vieil adage, VOX POPULI, VOX DEI. Je lui conseille de s'en bien pénétrer, et de ne plus prophétiser les calamités qu'il évoque. Si l'heure du dévouement arrive, et que la monarchie reste alliée aux intérêts de la révolution, *on ne se mettra pas à la fenêtre*, comme il le dit, *pour la voir passer* : le zèle ouvrira chaque porte et s'élancera sur le seuil en lui criant : arrête! et je te défendrai. Mais que les intrigants de cour ne s'interposent plus entre le prince et les citoyens. Ceux-ci ne veulent plus être incessamment accusés des torts dont ils furent plus victimes que complices. Ils aspirent aux douceurs d'une franche réconciliation. Ecoutez-les dans leurs maisons, dans les rues; ont-ils peur que, par des spoliations nouvelles, on prétende expier les anciennes? point. L'effet rétroactif des lois serait criminel : les promesses royales les rassurent contre des tentatives qui bouleverseraient l'état de fond en comble. Plus de confiscations légales, horreur désormais abolie. Par elles, c'est la loi qui vole. C'en est fait : or, tout en gémissant sur les injustices qu'elle a commises, quel téméraire s'arrogerait le droit de s'en prendre aux personnes après une irréfragable prescription ? Les familles protestantes redemandent-elles aux familles catholiques les champs que leur ôta la révocation de l'édit de Nantes ? Plaignons les parties lésées, soulageons leurs souffrances ; mais que de noires peintures de leurs plaies ne réveillent plus les ressentiments. Convient-il de demander *si l'on veut que les nobles soient les valets de leurs fermes ?* Quelle injure en cette pitié pour les gens de condition que de les supposer ne pouvant exister qu'aux gages d'autrui !

Une simple parabole vous exposera tous les dangers d'un perpétuel objet de haine.

Deux frères, armés par une aveugle inimitié, fondent l'un sur l'autre le sabre au poing : le plus faible a le bras coupé. La famille émue veut les contraindre à faire une paix cordiale ; mais le blessé, qu'agite le souvenir de sa douleur autant que l'image de sa défaite et de l'effusion de son sang, s'obstine dans sa colère contre le vainqueur, auquel il redemande le bras qu'il a perdu. Furieux de l'impossibilité de réparer sa mutilation qui l'affaiblit encore, il attaque de nouveau son frère, et réduit le plus fort à défendre ses jours au prix de ceux du plus faible, sur lequel se jette la famille irritée, qui, pour sauver l'autre, lui arrache la vie.

Comparons-nous à ces misérables frères, et sachons nous pardonner nos blessures. Malheur aux Jérémies qui, dans leurs lamentations extatiques, vous suscitant à réclamer l'impossible, vous dévoueraient à une guerre civile trop inégale avec le parti le plus fort! Tels sont les conseils que nous donnent, entre compatriotes, nos vrais intérêts de fraternité naturelle.

La rigide et hautaine morale que nous prêche M. de Châteaubriant dans *le Conservateur,* qu'on nommera celui *des abus,* ne se montre pas si conservatrice de la société, ni si conciliante. Elle nous tance avec amertume; elle ne nous fait envisager que de nos mauvais côtés; elle allume l'imagination du petit nombre d'*honnêtes gens* initiés aux mystères de sa profondeur. Ce qu'il y a de clair, c'est qu'ils n'avoueront jamais que l'on fasse rien de bon, si tout ne se fait par eux; qu'il y ait un ministère et des conseils, s'ils ne sont conseillers ou ministres; que le prince évite les naufrages, s'il ne leur cède le gouvernail; en un mot, s'ils ne dominent exclusivement. Vantent-ils une constitution libre et représentative, ce n'est qu'en Angleterre qu'ils en admirent de bonne foi les institutions, tant ils ont perfectionné leur patriotisme à Londres. Ils ne soupçonnent pas que la noblesse anglaise attache la moindre ostentation personnelle aux établissements nombreux qu'elle dote en faveur de l'indigence laborieuse : la multiplicité des associations formées dans notre capitale pour ouvrir mille asyles secourables au besoin et à l'infirmité, leur paraissent fondés sur d'autres intérêts que ceux de la bienfaisance. Ils se désolent sur la perte du beau sentiment de nos préjugés, sur le renversement des fondations monastiques, *monuments de l'antique charité*, qu'en déplorables impies, nous ne relevons plus. Mais n'assistons-nous plus le malheur? Plus que jamais. Sommes-nous sans pitié, sans générosité? Non. Cependant nous ne dotons pas les couvents, nous n'enrichissons pas les moines; les laïques ne confient plus aux seules mains des prêtres la distribution de leurs secours; ils n'aident que les curés vertueux; ils donnent eux-mêmes; ils donnent par les magistrats civils, par les maires des communes : voilà ce qui marque l'irréligion endurcie. Eh ! quand adresse-t-on ces reproches à la France ? Lorsque échappés à deux invasions, accablés par les surcharges d'emprunts volontaires et forcés, de contributions militaires et d'énormes impôts, pressés par le fléau de la disette durant une année entière, les Français, dans toutes leurs cités, dans tous les hameaux, dans toutes les campagnes, de l'Océan au Rhin, de Lille à Perpignan, n'ont pas moins versé d'aumônes que de subsides, n'ont pas moins prodigué leurs biens à s'entre-secourir, que leur sang à se défendre ! Notre philanthropie, qui s'attire le mépris altier des dévots, nous inspira pourtant ces charitables devoirs. Mais nos mérites ne tendent plus au ciel ; nous ne regardons plus en haut, dit-on, nous ne regardons qu'en bas ; et pourtant notre patrie, qu'on a baignée de sang et de larmes, s'est mieux honorée encore par les exemples d'une compassion active et générale que par l'éclat de ses victoires, trop coûteuses à l'humanité.

Réfléchissez bien sur ces choses. J'offre au pinceau qui traça de nos mœurs une image rembrunie, ces brillants résultats plus dignes d'être colorés par lui, que la peinture de nos fautes et de nos infortunes. On sent que M. de Château-briant, placé dans une situation fausse, qui gêne son caractère, ne dessine point ce que son esprit et sa conscience ont vu, mais ce que lui ont figuré ses chagrins ou les humeurs d'autrui. On sent qu'il se laisse emporter à l'ambition d'être un coryphée des refrains de l'ancien régime, à l'opposite des accords du nouveau. Si je combats les erreurs de ses vues, c'est dans la persuasion que son talent distingué les rend nuisibles aux admirateurs qu'il est en droit de se faire, malgré ses écarts.

Il peut en croire l'instinct de franchise d'un citoyen qui n'a ni prétention, ni alarmes per-sonnelles, qui n'a pas acheté un sillon de champ national. Mécontent de l'allure de tous les partis, auprès desquels une complaisance mène trop tôt à la complicité, je ne fus l'homme d'aucune faction; indifférent à l'aisance dans laquelle je naquis, à la pauvreté que j'ai subie, en dédai-gnant des avantages que la brigue était jalouse d'acquérir à tout prix; satisfait du peu qui me reste, je ne souhaite rien, pas même d'être plus connu que je le suis; ainsi l'intérêt de la vérité, qui nous est utile à tous, à laquelle je sacrifie quelquefois l'intérêt de mon repos, me met lui seul la plume à la main, pour convaincre M. de Châteaubriant que dans le vague de sa morale des devoirs il n'y a rien de sûr, rien d'arrêté; mais que le spécial, que le positif de la morale fondée sur les droits respectifs, et sur les nécessités, assure une base fixe au jugement. Il a fait une excellente phrase en disant : *Les bonnes lois ne sont que la conscience écrite.* Mais ce qu'il en déduit dans la ligne suivante est faux : car la conscience est, en effet, la vérificatrice des intérêts, et la directrice des actions auxquelles ces intérêts bien balancés nous engagent. J'en appelle à lui-même, et je le cite en exemple : alors que M. de Châteaubriant se dévoua noblement au péril d'une rupture avec le chef redouté qui venait de faire tuer un prince dans le fossé des donjons de Vincennes, une vertueuse indignation l'avertit sans doute que l'intérêt de l'équité, que celui de sa propre gloire, ne lui permettaient pas de servir un assassin, fût-il couronné; et qu'aucune favorable prérogative ne racheterait ce déshonneur en un parent du sage et héroïque Malesherbes. Il a dû compter d'avance sur le prix de sa démission généreuse, et ne s'est point trompé. L'inaltérable estime acquise à ce beau trait le lui paie encore dans les ames droites, aussi bien que la royauté qui l'en a ré-compensé, en l'admettant au nombre des pairs chargés du soin de la soutenir et de la faire ai-mer. Le vieux DUCIS, qu'un refus marquant du rang de sénateur impérial et qu'une mâle per-sévérance distingua, n'eut d'autre salaire qu'une place dans nos cœurs : c'était assez pour sa fierté.

Il y avait du courage en ce temps à prononcer son blâme par des faits ou par des paroles qui flétrissaient une domination usurpatrice ; mais, sous les auspices d'une constitution naissante, sied-il, par de puériles témérités, par de vains accents de dépit, de réunir les haines les plus opposées dans un même concert de diffamation, de dénigrement, pour évoquer la tyrannie sous d'autres formes? Se fait-on des saints devoirs de suivre ses aversions, d'en exhaler le fiel? Se fait-on une magnanimité de provoquer des repré-sailles meurtrières? Un honneur d'endoctriner la colère? Une constance de n'enregistrer que les crimes dans la mémoire? Une vertu de rivaliser en jacobinisme? Est-ce à de telles frénésies que va la morale des devoirs? Ah! la continuité des actions nobles et belles ne fut jamais le produit des transports exaltés, mais du calcul fortement intéressé d'une souveraine raison, qui pèse la valeur des sacrifices tant pour nous que pour les autres, et qui nous maintient dans la résolution d'être humain et juste. Ce calcul nous prouve qu'en somme la vertu, même dans les revers, a plus d'avantages que le vice dans les prospérités, et que, si la nature ne nous a pas faits bons par sentiment, nous devons faire le bien pour notre propre intérêt. Une morale si positive est la plus sûre.

Eh! néanmoins, j'entends, je vois deux esprits de parti la repousser aveuglément loin de la nation qui les méprise. Pourquoi? Une maladie mentale dévore tous leurs chefs : prêtez l'oreille aux divers imposteurs qui mentent à la France sur ses intérêts présents et sur leurs complots à venir. Ils masquent leur charlatannerie ; ils jurent leur ralliement à la monarchie constitutionnelle; elle établit son action entre eux pour les accorder : où vont-ils? Qu'osent-ils? Que prétendent-ils? Ceux-ci réclament de la couronne ces polices partielles, ces juridictions d'intendance qu'ils lui opposaient jadis dans les provinces : ceux-là redemandent à la liberté, qu'ils feignent encore d'adorer, mais qu'ils vendraient encore avec leurs personnes, les dépouilles et l'or que leur abandonnait la licence. Les chefs des uns et des autres se disputent, comme une proie, les administrations de l'état dont ils déchirent les principes : ils n'ont à la bouche qu'une maxime, *bien public;* dans la pensée qu'un mot exclusif, *moi,* toujours *moi;* chacun s'arrache, en s'insultant, une part de la puissance; l'adulation, au lieu de monter, descend au point que tel qui met son orgueil à ne pas saluer un prince, un ministre, fait sa cour à l'importance d'un folliculaire en vogue, à un pamphlétaire en crédit. La flatterie a viré de bord. Les uns, s'extasiant à l'espoir d'un retour aux vieilles superstitions et aux seigneuries privilégiées, ne marchent, dans leur démence, qu'à la haute *aristocratie;* les autres, irrités de leurs chûtes récentes, et d'un ordre économique qui enchaînerait leur cupidité, courent avec fureur à la turbulente *démocratie.* En ce contraire égarement de *deux ultracismes* égaux, qui trahissent pareillement les droits du peuple et du trône, où sera, que deviendra, je vous le demande, la royauté nationale? Elle qui, seule, oui, seule, je le répète, promet une garantie à la France pour la durée d'une paix nécessaire, et contre un nouveau despotisme inévitable.

Les deux partis d'ultra-zélés, d'extra-monarchistes n'ont qu'une même passion qui les anime, l'amour de l'or; qu'un même langage, l'injure et le ton de l'indépendance; que les mêmes armes, la délation et les proscriptions; que le même vœu, l'arbitraire, le fatal arbitraire. Tous deux ont leurs espions, leurs sicaires, leurs hypocrites à regretter et à solder : tous deux ont leur diplomatie extérieure et leurs concordats : tous deux ont aussi leurs devoirs secrets, desquels dérive aussi leur morale cachée qui les porte à se jurer d'être parjures à tout par fidélité pour quelque souverain de leur choix. Les plus patients méditent l'instant de lâcher le ressort des machines qui terrasseront leurs adversaires. Tandis que ceux-ci invoqueraient l'étranger du nord-ouest, ceux-là s'appuyeraient sur l'étranger du sud-est. L'expérience les a formés : ils ne veulent pas même

qu'une tache du sang, dans lequel ils se plonge-
raient, salisse le rejeton de leur équivoque dy-
nastie qu'ils offriraient après les désordres comme
un sauveur à la nation écrasée, ne dût-il garantir
qu'une ou deux années l'impunité de leur rage.
Cela les rassure; les apparences, les couleurs, le
nom de la liberté, leur suffisent pour séduire la
crédulité populaire, la foule des stupides. Qu'im-
porte la crise! ils savent que l'état républicain ne
sera jamais chez nous qu'un passage au despotisme
absolu. Les annales de tous les âges ne leur mon-
trent point de démocraties qui ne soient tombées
sous un prompt esclavage. Athènes, la plus dé-
magogique de toutes, fut la première à se pros-
tituer aux émissaires de Philippe. Sa philosophie,
ses sophistes, son subtil génie, son ivresse belli-
queuse ne précipitèrent que plus vîte sa ruine, en
vain retardée par un orateur courageux. La république des Spartiates, au contraire, combinée
avec les lois monarchiques par Lycurgue, qui
leur rendit l'ancienne famille régnante, prolongea
sa glorieuse existence. La légitimité des Héraclides
n'occupait que la place qu'aurait briguée l'usurpation de tous, et les lois gouvernaient seules.

N'en sommes-nous pas là par notre contrat

social ? bornons-nous à l'exécuter rigoureusement.

Qu'est-ce que voulut la révolution ?

L'égalité devant la loi : nous l'avons dans le pacte tracé. Conservons-là.

Le vote annuel des impôts : nous possédons ce droit ; profitons-en.

L'admission aux emplois, aux dignités, par le mérite : nous l'avons.

La liberté individuelle : elle nous est jurée ; maintenons-là.

La liberté des cultes ; nous l'avons ; soutenons-là.

L'abolissement de la confiscation, et la garantie de la propriété : nous les avons ; défendons-les.

La liberté de la presse : on nous la doit ; abjurons les lois temporaires de circonstance et d'exception, et réclamons-la.

Tous ces droits principaux une fois réglés par la Charte, que vous reste-t-il donc à souhaiter de plus ? dites ce que vous voulez : Un tyran ? Mais vous ne souffririez qu'un despote qui livrerait à vous seuls les honneurs, les finances, tout enfin. Ah ! jouissons en paix des droits que nous avons, et affermissons-les pour toujours. Certains royalistes exagérés pensent-ils nous les ravir? Impossible. Certains indépendants, très-dépendants, nous présument-ils assez sots pour croire à leur républicanisme, assez imbéciles pour nous y prendre encore? Le peuple entier voit leurs piéges, le peuple les signale et les juge. Si jamais ils pouvaient être sincères en disciples des Washington, leurs paroles frapperaient de grands esprits qui se souviennent que la république consulaire et sénatoriale de Rome a duré cinq cents ans, de grandes ames leur répondraient peut-être : mais..... mais leurs œuvres ont appris au peuple à s'en défier, les cadavres des deux partis fument encore : on sait comme ils forgent les sceptres de fer. Où les ramènerait enfin le tour du cercle sanglant qu'ils nous feraient encore parcourir en nous retirant d'un milieu central en qui seul réside la vraie force? A nous céder à l'une des deux poignées de factieux partisans des extrémités contraires. Que dis-je, ils finiraient des deux côtés par se croire des puissances, et par traiter honteusement ensemble de leur part du pillage sur les volcans rouverts. Leurs voix grêles n'en pourraient plus arrêter l'irruption :

eux-mêmes périraient engloutis sous ses laves incendiaires.

La morale de nos intérêts doit donc nous inspirer la constance inébranlable de la modération, caractère de l'équité, plus courageuse que les saillies extravagantes de tous nos précepteurs périodiques, dont le patriotisme n'est qu'une trop lucrative spéculation pour nous convaincre de leur bonne foi.

La morale des intérêts nationaux réclame hautement la liberté de la presse; de même ils la réclament dans leurs papiers, et leur duplicité ne tend qu'à la perdre et qu'à se baillonner réciproquement par leurs censures rivales.

Prenez-là dignement sous votre garde, députés du peuple, et pairs de France! Conservez le palladium de notre siècle représentatif chargé de tous les intérêts de notre pays et de nos vies. Il vous faut, par la vigueur des lois, et celle d'un bon jury, les défendre aussi bien des excès de l'aristocratie que des excès de la démocratie. Oui, défendez de ce double écueil, autant que des erreurs du gouvernement exécutif, la liberté de tous, et la constitutionnalité du monarque. Démentez les rêveurs lugubres, les mauvais pro-

phètes. Chassez des esprits les poétiques formes
de ceux qui font passer des salons de Paris dans
les départements la politique en fictions et ses
préceptes en métaphores. Pensez simplement
que la sûreté des citoyens tient à celle du souverain, qu'il est un élément de leur nouvelle loi;
que leurs intérêts et les siens se touchent. Dé-
fendez-le par conséquent, lui, sa famille, son
toit, ses foyers, comme vous défendriez votre
famille, votre toit, vos foyers, parce qu'il est
français, parce qu'il est le premier de vos compatriotes, et que c'est sur-tout à ce titre sacré
pour les hommes de bien qu'ils vous parlent de
leur roi.

La morale de ses augustes intérêts rappelle à
son ame une maxime attestée par le règne de
Charles V, dit le sage, qu'un prince au milieu
des intrigues de l'étranger, et des folies des gens
de cour, est d'autant plus fort contre elles que
son esprit est plus populaire.

Les factions, en se calomniant, n'osent abor-
der les vérités toutes nues : les voilà.

Morale des devoirs, préjugés aveugles, et ser-
vitude; *morale des intérêts*, raison clairvoyante
et liberté légale.

M. de Châteaubriant n'a définitivement traité dans sa théorie des devoirs publics que la pratique des intérêts privés : car le respect de tous les intérêts humains, bien mesurés, qu'est-ce? LA JUSTICE.

FIN.

DE L'IMPRIMERIE DE FIRMIN DIDOT,

IMPRIMEUR DU ROI, DE L'INSTITUT ET DE LA MARINE,

RUE JACOB, N° 24.

www.ingramcontent.com/pod-product-compliance
Lightning Source LLC
Chambersburg PA
CBHW061709060726
47597CB00006B/2273